BEI GRIN MACHT SICH IHR WISSEN BEZAHLT

- Wir veröffentlichen Ihre Hausarbeit,
  Bachelor- und Masterarbeit

- Ihr eigenes eBook und Buch -
  weltweit in allen wichtigen Shops

- Verdienen Sie an jedem Verkauf

Jetzt bei www.GRIN.com hochladen
und kostenlos publizieren

GRIN ☺

Bibliografische Information der Deutschen Nationalbibliothek:

Die Deutsche Bibliothek verzeichnet diese Publikation in der Deutschen National-bibliografie; detaillierte bibliografische Daten sind im Internet über http://dnb.d-nb.de/ abrufbar.

Impressum:

Copyright © 2015 GRIN Verlag, Open Publishing GmbH
Druck und Bindung: Books on Demand GmbH, Norderstedt Germany
ISBN: 9783668168268

Dieses Buch bei GRIN:

http://www.grin.com/de/e-book/317652/der-vatikan-saekulare-omnipotenz-kirche-gesellschaft-und-weltpolitik

Marius Rosenthal

Der Vatikan – Säkulare Omnipotenz? Kirche, Gesellschaft und Weltpolitik

Einfluss von Vatikanstaat und Katholizismus im 21. Jahrhundert

GRIN Verlag

GRIN - Your knowledge has value

Der GRIN Verlag publiziert seit 1998 wissenschaftliche Arbeiten von Studenten, Hochschullehrern und anderen Akademikern als eBook und gedrucktes Buch. Die Verlagswebsite www.grin.com ist die ideale Plattform zur Veröffentlichung von Hausarbeiten, Abschlussarbeiten, wissenschaftlichen Aufsätzen, Dissertationen und Fachbüchern.

Besuchen Sie uns im Internet:

http://www.grin.com/

http://www.facebook.com/grincom

http://www.twitter.com/grin_com

Inhalt

1 Einleitung

Auch wenn wir es oft nur auf den zweiten Blick bewusst wahrnehmen: In unserer westlichen Welt, insbesondere unserer westlichen, etablierten Medienlandschaft, vergeht kaum ein Tag ohne Meldungen, welche entweder direkt oder indirekt mit dem Vatikan bzw. dem Papst in Verbindung gebracht werden können. Egal ob Kriege, Finanzen und Finanzkrisen, Skandale, Naturkatastrophen, Völkerverständigung oder gar Politik und politische Bewegungen anderer Staaten. Der Vatikan mischt mit wo er kann und auch dort wo er eben nicht kann.

Er „verurteilt, deckt auf, schockiert, bedauert, bedenkt, mahnt oder rügt" - ob nun freiwillig oder nicht - er dominiert die Schlagzeilen maßgeblich. Der Vatikan ist gefragt als überkonfessionelle, moralische Instanz[1] im Weltgeschehen, aber auch als Feindbild und Zielscheibe für progressiv-liberale Frei- und Querdenker. Während sich der Papst wohl in der ersten Rolle, wohlgemerkt in Zeiten zunehmender Säkularisierung[2], zunehmend wohler fühlen wird und sich immer öfter als „Wächter der Menschlichkeit" versteht und präsentiert, gibt es immer wieder Gegenwind, welcher genau diese Menschlichkeit des Papstes und des Vatikans (öffentlich) in Frage stellt. Der Papst (lat. papa, gr. pappas = „Vater")[3] als „Vertreter des Allmächtigen", vermeintlich ohnmächtig angesichts dieses weltlichen Drucks in Köpfen und Medien.

Trotz oder gerade aufgrund dieses Umstandes ist die katholische Kirche, mitsamt Vatikan und Papst, immer wieder ein großer Bestandteil von gesellschaftlichen bzw. politischen Diskussionen; gerade, wenn es um Grundsatzfragen geht.

Betrachtet man jedoch den Vatikan als Staat an sich, so fällt auf, dass es, wenn wir in Deutschland über den Vatikan als solchen sprechen, immer (mit Ausnahme der Konklave = Wahl des neuen Papstes[4]) um dessen außenpolitische Tätigkeiten geht, denn die meisten der oben aufgeführten Themen betreffen den Vatikan selbst eigentlich nie. So verfügt der Staat Vatikanstadt zwar über eine staatseigene Bank (IOR; *Istituto per le Opere di Religione*) sowie sogar über eine Zentralbank (APSA)[5], dennoch wäre selbst der komplette Zusammenbruch dieser Institute (soweit die Transparenz des vatikanischen Geldinstituts dieses Urteil zulässt) wohl kein Auslöser für eine übergreifende oder gar weltweite Finanzkrise.

Auch verfügt der Vatikan über eigene Streitkräfte. Diese Leibgarde des Pontifex Maximus hat zwar eine lange Geschichte und tief verwurzelte Tradition, dafür aber eine umso geringere Truppenstärke. Egal ob Verteidigungsfall oder Angriffskrieg, ein jeder kann sich ausmalen, wie verloren die Schweizer Garde mit ihren 110 Mann Sollstärke[6] in einem solchen Fall aussähe. In

---

1   vgl. Mörschel, S.12
2   www.kirchenaustritt.de/statistik   (21.12.2014)
3   siehe Martin, Taschenlexikon, S.59
4   siehe Martin, Taschenlexikon, S.42 ff.
5   vgl. Rossi, Der Vatikan, S.78
6   vgl. Martin, Taschenlexikon, S.77+78

Zeiten von Cyber- und Atomkriegen lassen sich mit Rüstungen und Hellebarden wahrlich keine „großen Schlachten" (mehr) schlagen, geschweige denn gewinnen. Angesichts dieser faktischen Umstände stellt sich die Frage, warum dem Vatikan (immer noch) eine solch große Rolle im politischen Weltgeschehen zugestanden wird? Warum sprechen Päpste als Souveräne des Kirchenstaates und somit auch als Vertreter einer absoluten Wahlmonarchie[7] in Plenarsälen demokratisch gewählter Parlamente? Sind die meisten Staaten der westlichen Welt doch nicht so säkular wie sie scheinen - oder ist doch eher die, eigentlich private Angelegenheit der Religionsausübung, so öffentlich und vereinnahmend ausgelebt, dass diese fähig ist, die Politik maßgeblich zu beeinflussen?

Genau diesen Einfluss der vatikanischen Außenpolitik auf die aktuelle Weltpolitik soll diese Facharbeit untersuchen. Anders als die meiste mir begegnete Fachliteratur, will ich versuchen diesen Einfluss vom aktuellen Standpunkt aus zu betrachten und nur geschichtliche Hintergründe mit heranzuziehen, wenn diese für die Ausgangssituation von Relevanz sind bzw. in direktem Zusammenhang mit den behandelten Themen oder mit dem Gesamtzusammenhang der Facharbeit stehen.

> *„Die Kirche hat nicht den Auftrag, die Welt zu verändern.*
> *Wenn sie aber ihren Auftrag erfüllt, verändert sich die Welt."*
> - Carl Friedrich von Weizsäcker (1912-2007)[8]

2 Macht und Machtstellung des Papsttums

2.1 Souveränität des Vatikans als Staat

Um die Souveränität des „Staates der Vatikanstadt" (völkerrechtlich bzw. als Völkerrechtssubjekt: „Heiliger Stuhl")[9] in seiner heutigen Form begreifen zu können, lohnt sich der geschichtliche Rückblick in das Jahr 1870. Ludwig Ring-Eifel schreibt in seinem Buch „Weltmacht Vatikan" über diese Zeit: *„Nach 1870 lag das Papsttum politisch am Boden. Es hatte seinen Staat verloren und sein internationaler Einfluss ging gegen null."*[10]

Dieses Jahr dient uns demnach als Ausgangspunkt bei der Beobachtung der Entwicklung des Vatikans zu seiner heutigen, souveränen Staatsform. Jedoch stets mit dem Wissen, dass der Vatikan bzw. der Vatikanhügel für die Katholiken der Welt stets der Ort war/ist, an dem: 1. seit Anbeginn der katholischen Glaubenslehre etruskische (später römische) Priester ihre Weissagungen verkündet haben sollen[11] und 2. dort im Jahre 67 nicht nur der heilige Petrus gekreuzigt worden sein soll, sondern vor allem in der Bibel steht, dass Gott, nach katholischem

---

7   www.goruma.de/Laender/Europa/Vatikanstaat/Einleitung/politisches_system   (29.12.2014)
8   www.zitate.woxikon.de/religion   (08.01.2015)
9   vgl. www.bmeia.gv.at/botschaft/heiliger-stuhl/ratgeber/heiliger-stuhl-vatikan   (08.01.2015)
10 Ring-Eifel, Weltmacht Vatikan, S.55
11 siehe Manhattan, S.9

Glauben seine Kirche eben an diesem Ort bauen wolle. („Du bist Petrus, und auf diesen Felsen will ich meine Kirche/Gemeinde bauen"[12])

Letzteres steht, symbolisch und für jedermann sichtbar, als Inschrift lateinisch auch in der Peterskuppel geschrieben.[13] Anhand dessen erkennt man, welche große Symbolik dieser Ort für den weltweiten Katholizismus hat. Auch zu jener Zeit. Ob nun als Staat souverän oder nicht, der Vatikan war und ist für das katholische Christentum stets ein Ort mit großer Symbolkraft (gewesen).

Der Verlust des eigenen Staatsgebietes war für den Papst zu jener Zeit nicht durchweg ein schlechtes Ereignis. Im Gegenteil – es wurde klar, dass man die katholische Kirche nun teilweise sogar besser leiten und dirigieren kann, da man sich nun nicht mehr mit allzu weltlichen Problemen herumschlagen musste. Statt Finanzprobleme wie Steuereinnahmen oder Bauprojekte lösen zu müssen oder man sogar im Zugzwang stand, wenn es darum ging innerpolitische Aufstände niederzuschlagen, konnte man sich nun darauf konzentrieren, den am Boden liegenden Katholizismus in die Moderne zu führen.[14] Doch trotz dieser Umstände wollte das Papsttum seine Unabhängigkeit, auch auf völkerrechtlicher Ebene, zurück. Und genau diese völkerrechtliche Unabhängigkeit erlangte Pius XI. (1922-1939[15]) im Jahre 1929 bei Verhandlungen mit Mussolini. Das Ergebnis waren die sogenannten Lateranverträge, welche am 11.Februar 1929 unterzeichnet wurden.[16] Der „Stato della Città del Vaticano" wurde mit seinen 0,44 Quadratkilometern ein Zwergstaat, aber ein vollwertiges Völkerrechtssubjekt, einschließlich dem Recht auf diplomatische Beziehungen. Die Größe dieses Staatsgebiets betrug nun noch rund 0,00097% des einstigen Kirchenstaates (≈ 45.000 Quadratkilometer), jedoch wurde dieser Gebietsverlust mit einer Summe von 1,75 Milliarden Lire entschädigt – was heute übrigens noch einen Großteil des päpstlichen Gesamtvermögens ausmacht.[17] Mit Unterzeichnung der Lateranverträge war der Grundstein für die Rolle des Papsttums in der Moderne von völkerrechtlicher Seite gelegt.

2.2 Gesellschaftliche Renaissance des Katholizismus in der Moderne

Viel beachtlicher als das, was der Vatikan völkerrechtlich und/oder finanziell nun vorzuweisen hatte, war die Stellung, die er sich simultan auf gesellschaftlicher Ebene zu eigen gemacht hatte. Während der „Staatsabstinenz" des Vatikans tobte besonders in Mitteleuropa der erste Weltkrieg. Genau in diesem weltweiten Blutbad kommt der Vatikan zu der gesellschaftlichen Rolle, die ihm auch noch heute zu Teil wird und mit der weltweit Katholiken ihre Konfession begründen bzw. untermauern. Selbst ein sehr kritischer, nach Reformen strebender Katholik wie Peter de Rosa

---

12 Mt 16,18
13 vgl. Rossi, Der Vatikan, S.7
14 Ring-Eifel, Weltmacht Vatikan, S.60 ff.
15 siehe Martin, Taschenlexikon, S.93 (Papstliste)
16 vgl. Rossi, Der Vatikan, S.18
17 vgl. Ring-Eifel, Weltmacht Vatikan, S.69

schreibt 1993 in seinem ebenso kritischen Buch „Der Vatikan – Von Gott verlassen?" zur Begründung seines katholischen Glaubens: *„Wenn ich meiner Kirche weiter zugetan bin, so deshalb, weil sie weiterhin große Männer und Frauen hervorbringt, die anderen Hoffnung geben. Es erfüllt mich mit Stolz, daß überall dort, wo Not herrscht, Katholiken die Opfer trösten"*[18]

Die Rede ist ganz klar von einer seelsorgerischen Funktion innerhalb der Gesellschaft. Wenn man diesen Aspekt betrachtet, stellt sich jedoch berechtigt die Frage, warum ausgerechnet der Katholizismus, mehr noch – warum die Religion in dieser Rolle? Wäre es angesichts der gewaltigen Umwälzungen jener Zeit nicht an der Zeit gewesen, eine neue, säkulare Instanz auch in dieser gesellschaftlich/sozialen Ebene zu etablieren?

So einfach es klingt, ist bzw. war diese „Umstellung" jedoch nicht, denn das Modell einer säkularen Seelsorge stößt bis heute an wohl für immer unüberwindbare Grenzen. Während sich Fragen der Theodizee (bzw. hier besser „Anthropodizee") oder Fragen nach dem Sinn des Lebens etc. philosophisch und damit (meist) säkular beantworten lassen und auch weltbildliche Fragen sowieso durch die Wissenschaft weitestgehend beantwortet erscheinen, stoßen wir spätestens beim Thema „Leben-Sterben-Tod" an unsere Grenzen der Erklärbarkeit. Genau an dieser Grenze muss nun eine „überweltliche" Antwort her, um unser nach Vollständigkeit strebendes Weltbild zu komplettieren. Wie eine fehlende Variable einer Gleichung setzen wir an einem gewissen Punkt einfach eine beliebige Zahl ein, um ein plausibles – wenn auch nicht sehr weitsichtiges – Ergebnis zu erhalten. Weil eben die Masse der Menschen nach einer solchen Erklärbarkeit strebt, leben wir heute in unserem christlichen Glauben, so wie wir es tun.

Schon Jahre zuvor (1911) erkannte Gustave Le Bon diese Grundzüge der Massenpsychologie.

Sein Buch nannte er treffend „Psychologie der Massen" und beschreibt darin schon voraussagend ein Scheitern einer säkularen Lösung bzw. die Notwendigkeit einer Gottesfigur im modernen menschlichen Weltbild: *„[...] der Kultus, den man mit ihnen treibt, ist von dem früheren nicht erheblich verschieden. Man fängt an, die Philosophie der Geschichte ein wenig zu verstehen, wenn man diesen Angelpunkt der Psychologie der Massen recht begriffen hat. Für die Massen muss man entweder ein Gott sein oder man ist nichts"*[19]

Wenn es also zwingend eines Gottesbildes in der menschlichen Psyche bedarf, in welcher Form auch immer, dann bedarf es wiederum der Wiedergeburt des Katholizismus in der Zeit des ersten Weltkriegs kaum weiterer Erklärungen.

Unendlich viel näher liegt die Wahrscheinlichkeit, dass die Menschen sich einem jahrtausendealten mythischen Kult mit weitreichender Tradition und Verwurzelung hingeben (wie es der Katholizismus nun einmal ist), als einem beispielsweise „aus dem Boden gestampften" neuem Kultus. (Unnötig zu betonen, dass es schwierig bis schier unmöglich wäre, einen derartigen Mythos, möglichst sofort wirksam, neu zu erschaffen.)

---

18 de Rosa, Der Vatikan – von Gott verlassen?, S.16
19 Le Bon, Psychologie der Massen, S.76

Diese Umstände in Gesamtheit rufen den Katholizismus (samt Papst) auf den Plan, der angesichts der in 2.1 beschriebenen Situation „zufällig" gerade auf der Suche nach Identitätsfindung war.

Der Mensch braucht also gewisse Illusionen zur Vervollständigung seines Weltbildes, auch wenn er sie ein paar Jahrzehnte zuvor noch intensiv bekämpft hat. Le Bon fasst auch dies sehr treffend zusammen: *„Oft schüttelt sie [die Täuschungen (illusions)] der Mensch um den Preis furchtbarer Umwälzungen ab, aber scheint dazu verdammt zu sein, sie immer wieder aufzurichten. Ohne sie hätte er die primitive Barberei nicht hinter sich lassen können, und ohne sie würde er ihr bald wieder verfallen."*[20]

Nicht nur aufgrund der Identitätssuche des Vatikans bot der Katholizismus also genau das, was gebraucht, gesucht und letztendlich bis heute in ihm selbst wiedergefunden wurde – für eine Pauschalantwort auf die Frage des menschlichen Seins.

2.3 Absolutist Papst

Was die Stellung des Papstes im politischen Weltgeschehen nun aber so besonders macht ist nicht seine absolute Funktion als Staatsoberhaupt, sondern vielmehr seine absolute Funktion als Oberhaupt der katholischen Kirche, die eben aus den oben aufgeführten Gründen einen weitreichenden gesellschaftlichen Einfluss (auch im 21. Jahrhundert) inne hat. Somit hat der Katholizismus mitsamt dem Vatikan eine weltweit einzigartige Machtstruktur.

Aktuell ist der Papst das „Glaubensoberhaupt" von 1.228.621.000 Menschen weltweit, was etwa 17,49% der Weltbevölkerung entspricht.[21] Diese Anhängerschaft ist weltweit, nahezu in allen Ländern, beheimatet (also komplett unabhängig von territorialen bzw. nationalstaatlichen Grenzen).[22] Ein Sinken dieser Zahlen ist, angesichts des Missionierungsdranges der katholischen Kirche, voraussichtlich auch erst einmal nicht zu erwarten.[23] Während diese Dinge alle noch keine Besonderheit für eine solche Organisation darstellen, stellt die Machtstruktur innerhalb, mit dem Papst als „unfehlbarer" Spitze, umso mehr eine weltweite Einzigartigkeit dar. In keiner anderen Glaubensgemeinschaft weltweit existiert eine solch absolute Herrschaftsform bzw. absolute weltliche Instanz (weder im Protestantismus, Judentum, Islam oder gar Buddhismus usw.).

Manhattan beschreibt die Funktion des Papstes unter diesen Umständen folgendermaßen:

„Er [der Papst] hat die Aufgabe, die Unveränderlichkeit gewisser Glaubensprinzipien [...] zu verkünden und aufrechtzuerhalten und den Einfluß und die Macht der katholischen Kirche in der ganzen Welt zu fördern"[24] Mit Macht meint Manhattan hier unverkennbar nicht die innenpolitische (denn diese ist gesichert), sondern die außenpolitische und somit die säkulare bzw. weltliche

---

20 Le Bon, Psychologie der Massen, S.104
21 www.k-l-j.de/katholische_kirche_zahlen   (25.04.2015)
22 siehe Manhattan, S.2
23 www.k-l-j.de/katholische_kirche_zahlen; siehe Manhattan, S.2   (25.04.2015)
24 Mannhattan, S.2 (Abs. 3)

Macht des Papstes. Manhattan nennt dies später explizit die _„weitreichende Macht in der nichtreligiösen Sphäre"_[25]

Selbst wenn man nicht so weit wie Manhattan gehen will oder sogar entgegnet, dass viele Katholiken mehr Karteileichen als wirklich gläubige und somit lenkbare Menschen seien, so ist dies durch die zunehmende Säkularisierung in Europa zwar durchaus begründet (wenn auch mit großen Ausnahmen), jedoch sieht dieser Trend auf anderen Erdteilen ganz anders aus (Teile Afrikas bilden hier nur das stärkste Beispiel). Selbst jemand, der dem Katholizismus nur die Hälfte seiner Gläubigen zugesteht, wird zugeben müssen, dass der Papst in seiner Rolle eine weltweit sehr mächtige Position inne hat. Diese Position macht ihn zu einem sehr mächtigen Mann, wenn nicht sogar zum mächtigsten Mann, wenn nicht sogar zur säkularen Omnipotenz?

Verglichen mit dem Machteinfluss anderer mächtiger Staatsoberhäupter, z.B. Präsidenten von Staaten wie Amerika und China, lässt sich diese Frage zumindest zur Diskussion stellen - was ich im Folgenden an einigen Beispielen tun werde.

3 Exempel der säkularen Omnipotenz

3.1 Rede des Papstes an das Europäische Parlament

3.1.1 Legitimation

Am 25.11.2014 hielt der aktuelle Papst Franziskus I. eine Rede vor dem bzw. an das Europäische Parlament in Brüssel. Diese Rede ist die zweite Rede eines Papstes vor dem Europäischen Parlament - die letzte Rede hielt Johannes Paul II. 1988.[26]

Um diese Rede inhaltlich beurteilen zu können, muss man zuerst einmal die Frage stellen, aus welcher Position und Legitimation heraus diese Rede zu Stande kam, denn diese Frage ist weder einfach noch selbstverständlich zu beantworten. Prinzipiell gibt es für seinen Besuch zwei Begründungsansätze: 1. der Besuch erfolgt als Politiker und Staatsmann, also der Papst spricht als Vertreter seines Staates oder 2. der Papst hält seine Rede aus seiner Funktion als Oberhaupt der katholischen Kirche heraus. Beide Begründungsansätze erscheinen bei näherer Betrachtung eher brüchig als „wasserdicht":

Erfolgt seine Rede auf der Legitimation des weltlichen/politischen Amtes, welches er inne hat, nämlich, dass er wie oben (bzw. in 2.1) erläutert, das Oberhaupt des Vatikans als Staat ist, dann stellt sich die Frage des Rederechts, welches er wie jeder andere braucht, um vor dem Europäischen Parlament sprechen zu dürfen. Geht man hier ganz nach demokratischem Protokoll vor, kommt man beim Papst allerdings nicht einmal soweit danach zu fragen, ob dieser denn demokratisch gewählt worden ist, sondern es scheitert schon an der Tatsache, dass der Vatikan als Staat nicht Mitglied der EU ist und somit auch erst einmal kein Anrecht darauf hat, im

---

25 vgl. Mannhattan, S.3
26 www.europarl.europa.eu   (15.05.2015)

Parlament der EU, in welcher Art auch immer, zu wirken. Der Vatikan ist als solches nur über Umwege in die Europäische Union integriert. Der Vatikan ist, um genau zu sein, nicht einmal ein Schengenstaat, jedoch genießt er durch die Grenzoffenheit nach Italien indirekt die Vorzüge der Schengener Abkommen.[27] Der Papstbesuch ist also auf dieser Ebene kaum zu legitimieren, denn wenn man als Referenz z.B. die Schweiz betrachtet, so hätte diese, allein schon aufgrund ihrer geografischen Lage, ähnliche Voraussetzungen, einen Redner ins Europäische Parlament zu „entsenden". Nur, dass allein schon das Bild einer schweizer Bundespräsidentin vor dem Europäischen Parlament bei jedem halbwegs politisch versierten Menschen merkwürdige Assoziationen hervorrufen dürfte. Eine Legitimation der Papstrede auf dieser Ebene wäre demnach sehr durchlässig – mehr noch: unzulässig.

Bleibt die Prüfung der zweiten Legitimationsgrundlage: das päpstliche Amt als Glaubensoberhaupt. Mit dieser Legitimation hielt 2011 noch Papst Benedikt XVI. seine Rede vor dem deutschen Bundestag.[28] Nun ist dies in Deutschland jedoch aus einer anderen Grundlage heraus möglich, denn Deutschland ist als solches kein sonderlich säkulares Land. Ein Blick auf die deutsche Kirchensteuer zum Beispiel genügt, um festzustellen, wie eng verwoben Staat und Religion hier de facto noch zusammen gehören. (Dennoch ist es natürlich auch hier strittig, in wie weit sich der Papst als Gastredner mit dem Artikel 3, Absatz 3 unseres Grundgesetzes vereinbaren lässt. Denn eigentlich ist hier im Gegensatz zur Charta der Grundrechte der Europäischen Union das Verhältnis zwischen Staat und Religion eindeutig geklärt: „Niemand darf wegen [...] seiner religiösen Anschauungen benachteiligt oder bevorzugt werden."[29])

Da zur europäischen Union aber nicht nur teil-säkulare Staaten wie Deutschland gehören, sondern auch Staaten, die sich ganz offiziell und vor allem ausdrücklich zu Säkularisierung in ihrem Land bekennen, ist klar, wie wenig Sinn dieser Ansatz auf europäischer Ebene hat. Denn, dass jemand als Oberhaupt einer Religionsgemeinschaft (und hierbei ist auch egal welcher Religionsgemeinschaft) vor z.B. französischen Parlamentariern spricht, wäre auf nationalstaatlicher Ebene absolut undenkbar - gerade beim Beispiel Frankreich. Die Franzosen sind bis heute stolz auf ihr Relikt aus der französischen Revolution: der strikten Trennung zwischen Staat und Kirche.

Durch die Charta der Laizität, welche außer in Frankreich z.B. auch in Portugal gilt, wäre ein Papst im nationalen Parlament demnach sogar ein Verfassungsbruch.[30]

Da die Begründungsversuche wie erwartet nicht greifen und dies auch in Vorfeld absehbar war, umgeht man diese einfach, in dem man eine Sondersitzung mit einem Ehrengast einberuft, mit niemand geringerem als: dem Papst.

Die einzige Legitimation, die der Pontifex also hatte, war die Einladung von Martin Schulz (SPD,

---

27 siehe www.euobserver.com/news/20680   (15.05.2015)
28 www.bundestag.de/kulturundgeschichte/geschichte/gastredner   (15.05.2015)
29 aus Artikel 3, Absatz 3 Grundgesetz der Bundesrepublik Deutschland
30 www.verfassungen.eu/f/fverf91-i.htm   (15.05.2015)

Präsident des Europäischen Parlamentes).[31] Er war also „Ehrengast". Für rund 39,54% der Europäer ist er das wohl auch, denn dies ist der Prozentsatz der Europäer, die „katholisch" als Religionszugehörigkeit in ihrem Pass stehen haben; jedoch stellt sich die Frage, was mit dem Rest (immerhin 60,46% (!)) der europäischen Bevölkerung ist. Kann eine schlichte Einladung unter Anbetracht dieser Zahlen eine wirkliche Begründung sein?

Auf eine Rede solcher Art hat der Papst ein absolutes Monopol. Zum einen bestehen die anderen 60,46% der Europäer nicht aus einer Masse homogener Gläubiger, sondern nur aus Gruppierungen, die nur Bruchteile des europäischen Katholizismus ausmachen[32], dennoch machen sie zusammen eben über 60% der Gesamtbevölkerung aus. Zum anderen, selbst wenn alle Nicht-Katholiken Europas einer einzigen Religion/Konfession angehörten, gäbe es, wie in 2.3 ausführlich beschrieben, bei keiner derzeit bestehenden Religion/Konfession ein Oberhaupt, welches für alle Anhänger dieser sprechen könnte.

Die Einzigartigkeit des Papstamtes, welches ich in 2.3 skizziert habe, findet sich in diesem Exempel sehr praxisnah wieder. Die Begründung für den Einfluss des Papstes auf direkter politischer Ebene finden sich nämlich nicht in den Protokollen des Völkerrechts oder den Geschäftsordnungen von Parlamenten, sondern in den Umständen, die in 2.2 bzw. der Einleitung erörtert wurden. Seine Einladung begründet Schulz übrigens genau mit diesen und ähnlichen Argumenten und Zusammenhängen.[33] So sagte Schulz zu Franziskus wörtlich: *„Sie geben Orientierung in Zeiten der Orientierungslosigkeit."*[34]

Dieses Fallbeispiel dient also als sehr offensichtliches, nicht einmal bestrittenes Beispiel (und sicherlich das transparenteste) für die säkulare Potenz des Vatikans, welche bis in die höchsten Instanzen unserer demokratischen Strukturen reicht – und das ohne die Notwendigkeit einer Legitimation.

3.1.2 Auswertung

Von ein paar Abgeordneten der eher linken Fraktionen abgesehen kritisierte diese fehlende Legitimation kaum jemand. Jedoch wurden/werden viele Inhalte der Papstrede sehr wohl kontrovers diskutiert.

Doch egal wie kontrovers die von ihm angesprochenen Themen diskutiert werden, im Prinzip hätte der Papst bei seinem „Auftritt" in Brüssel auch die heikelsten Themen unbeschadet ansprechen können - wirkliches Kontra hätte er von Personen in Schlüsselpositionen nicht zu erwarten gehabt. Wirft man einen Blick zurück zu 2.2. dieser Arbeit, so findet sich der Grund dafür schnell: niemand wagt es, den moralischen Vertreter einer so großen Gemeinschaft anzuprangern, zumal er auch auf den ungläubigsten Menschen eine gewisse Mystik ausstrahlt.

---

31 www.europarl.europa.eu/news/de/news-room/content   (15.05.2015)
32 www.ibka.org/statistiken/europa   (15.05.2015)
33 www.domradio.de/themen/papst-franziskus-strassburg   (15.05.2015)
34 Càceres, Franziskus: Europa ist krank, Süddeutsche Zeitung vom 26.11.2014

Die Frankfurter Allgemeine formuliert diesen Umstand sehr treffend: *„Martin Schulz ist ein Politprofi. Er legt sich mit Silvio Berlusconi an, aber nicht mit dem Papst. Den Papst bringt man am besten zum Schweigen, indem man ihn umarmt und lobt.“*[35]

In diesem Zitat aus dem Artikel der F.A.Z. schwingt schon mit: Gründe, um sich mit dem Papst anzulegen, hätte es zur Genüge gegeben, doch man tat es aus schon genannten Gründen bewusst nicht.

Da ich den Umfang dieser Arbeit nicht sprengen möchte, kann ich nicht auf alle Punkte eingehen, jedoch möchte ich eines der Beispiele anführen, welches sich gut nachweisbar mit Zahlen und Fakten untermauern lässt.

„Gleichermaßen ist es notwendig, gemeinsam das Migrationsproblem anzugehen. Man kann nicht hinnehmen, dass das Mittelmeer zu einem großen Friedhof wird!“[36] Dieser Teil der Rede ging groß in Schlagzeilen durch die Presse. Das Problem an dieser im Grunde natürlich wahren Aussage ist genau ein Wort: „gemeinsam“.

Denn während sich alle Länder Europas, und ja, damit einschließlich der Schweiz, mehr oder weniger an der Aufnahme von Flüchtlingen beteiligen, ist der Vatikan der einzige Staat, der bislang keinen einzigen Flüchtling aufgenommen hat. Natürlich kann man dem sofort entgegenhalten, dass der Vatikan doch viel zu klein sei, um Flüchtlinge aufzunehmen – doch muss man dem wiederum entgegensetzen, dass es der Vatikanstaat es zu NS-Zeiten auch geschafft hat, eine Handvoll Botschafter aufzunehmen - und nein, der Vatikan ist seit dieser Zeit nicht noch einmal geschrumpft.[37]

Eine solche Aufnahme von Flüchtlingen mag wie ein „Tropfen auf den heißen Stein“ erscheinen – dennoch es hätte zumindest Symbolcharakter.

Über all dies ließe sich zugegebenermaßen hinwegsehen, wenn sich der Vatikan als Staat nicht schon zu früheren Zeitpunkten nicht nur passiv, sondern tatsächlich aktiv gegen die Aufnahme von Flüchtlingen gestellt hätte. Am bekanntesten ist hier das Beispiel von einer kleinen Gruppe Roma, welche sich 2011 in den Vatikan flüchtete, da sie von der römischen Polizei durch Zerstörung ihrer Baracken zu einer Gruppe von Obdachlosen wurde. Statt wirklicher Hilfe in Form von (politschem) Asyl und/oder finanzieller Unterstützung, wies der Vatikan sie mit der Forderung ab, sie sollen in ihr Herkunftsgebiet zurückkehren.

Um dies zu „ermöglichen“, bot der Vatikan, wortwörtlich sogar 1000 € „Rückreisegeld“ an.[38]

Ganz ohne über Nächstenliebe urteilen zu wollen - sollte man wirklich so bissig kritisieren, was im eigenen Einflussbereich tagtäglich im Argen liegt?

---

35 www.faz.net/aktuell/politik/europaeische-union   (16.05.2015)
36 w2.vatican.va/content/francesco/de/speeches/2014   (16.05.2015)
37 www.faz.net/aktuell/fluechtlingspolitik-der-vatikan-bietet-kein-asyl-13294101   (16.05.2015)
38 www.nzz.ch/aktuell/startseite/roma-beantragen-politisches-asyl-im-vatikan   (16.05.2015)

3.2 Glaubenskriege im 21. Jahrhundert?

Ein/e durchschnittliche/r Schüler/in einer/eines Realschule/Gymnasiums wird im Laufe seiner/ihrer Schullaufbahn (vielleicht mit Schrecken) feststellen, dass die makropolitische Geschichte in immerwährenden Zyklen auftritt. Wer dies einmal verinnerlicht hat, dem wird auch schnell klar, dass dieses Faktum nicht nur auf z.B. Konjunkturzyklen zutrifft, sondern auch auf alle anderen gesellschaftlichen oder politischen Ereignisse der Geschichte.

Während sich der-/diejenige über die Jahre in den Fächern Geschichte und Religion mit den Kreuzzügen auseinander setzen muss (wenn nicht sogar in Deutsch, Stichwort: Lessings „Nathan der Weise"), wird die selbe Person in Fächern wie Sozialkunde dazu animiert, sich mit Zeitungen und Nachrichten über das Weltgeschehen auf dem Laufenden zu halten.

Die aktuellen Themen auf weltpolitischer Ebene werden zur Zeit vor allem von einem Thema dominiert: dem „Vormarsch des Islamischen Staats und dessen Verbrechen". (Doch auch allgemein hat man den Eindruck, dass man sich seit dem 11.09.2001 an keine Nachrichtensendung mehr erinnern kann, in der nichts über irgendwelche Formen von islamistischem Terror berichtet wurde.)

Die Transferaufgabe liegt nun darin, zu erkennen, dass sich die Beweggründe für derartige Gräueltaten zwar natürlich auf fundamentalistische Extremisten (!) einer anderen Religion verlagert haben, sie jedoch auch Jahrhunderte nach den Kreuzzügen theoretisch noch die selben Motive zur Grundlage haben, allem voran die gewalttätige Erweiterung des eigenen Machteinflusses.

Wir in Europa sind uns wohl zum größten Teil einig, dass wir Gewalttaten aufgrund religiöser Beweggründe verurteilen, und auch der Vatikan selbst dürfte trotz fehlendem Schuldeingeständnis[39] nicht gerade stolz auf diesen Teil seiner Vergangenheit sein.

Und doch erleben wir gerade etwas, das, trotz eher mangelndem Medieninteresse, zu einem mittelschweren Skandal taugt.

Der Papst – als Oberhaupt der katholischen Kirche – ruft wiederholt dazu auf, gewaltsam gegen den Islamischen Staat vorzugehen. Dies geschieht seit geraumer Zeit wiederholt.

2014 fordert Papst Franziskus bei seiner „Türkeivisite", sich dem „Fanatismus und Fundamentalismus [...] entgegenzusetzen"[40]. Schon 3 Monate zuvor titelt Spiegel online: „Kampf gegen IS: Papst rechtfertigt Eingreifen gegen Dschihadisten im Irak"[41].

Aktuell haben diese Aufforderungen einen neuen Höhepunkt erreicht: So forderte im März diesen Jahres ein offizieller Vertreter des Vatikans bzw. des Heiligen Stuhls die UN (Heiliger Stuhl = Nichtmitglied, bzw. nur in der Position eines ständigen Beobachters) dazu auf, militärisch in das Handeln des Islamischen Staats einzugreifen. Der Erzbischof drückte dies mit folgendem, wohl diplomatischen Wortlaut aus: "Es ist eine koordinierte und gut durchdachte Koalition notwendig, um alles zu tun, eine politische Lösung ohne Gewalt zu erreichen. Aber wenn das nicht möglich ist,

---

39 www.welt.de/kultur/history/article1245115/Warum-die-Templer-niemals-Ketzer-waren   (24.05.2015)
40 www.tagesschau.de/ausland/papst-tuerkei-103   (24.05.2015)
41 www.spiegel.de/politik/ausland   (24.05.2015)

dann wird die Anwendung von Gewalt notwendig sein. "[42]

Wohin kommen wir, wenn den Forderungen des Vatikans langfristig stattgegeben wird? Forderungen von einem Staat, der weder national noch international eine demokratische Legitimation besitzt? Ist ein „Go" des Papstes nicht so etwas wie ein „Moralischer Freifahrtschein" für Gewalttaten und Kriegshandlungen, oder könnte er zumindest als solcher von Einigen, Mächtigen gesehen werden, die durchaus in der Lage sind, die Hemmschwelle für einen beidseitigen, bewaffneten Konflikt (also einem wirklichen Krieg zwischen Islam und dem Westen, besonders dem Christentum) zu senken? Die Folgen liegen vielleicht außerhalb unserer Vorstellungskraft.

Fakt ist, dass das moralische Legitimieren von Gewalt in jeglicher Form auf makropolitischer Ebene ungeahnte Kräfte entfesseln kann. Ein religiöses Oberhaupt sollte dazu angehalten sein, Gewalt ausnahmslos abzulehnen, um die fatalen (weltlichen!) Folgen von Gewalttaten zu vermeiden, anstatt sie zu schüren.

"Überall auf Erden hat man sich der Religion bedient, um Böses zu tun, aber sie wurde überall eingesetzt, um zum Guten zu führen; und wenn das Dogma den Fanatismus und den Krieg entstehen läßt, so flößt die Moral hingegen allerorts die Eintracht ein."
- Voltaire (1694-1778)[43]

3.3 Schicksale – profane Ethik

Viel gäbe es über Schicksale zu diskutieren, welche von der katholischen Kirche bzw. dem Vatikan auch noch im 21. Jahrhundert massiv beeinflusst werden – und das ist, obwohl es sich bei den meisten direkt Beeinflussten durchaus um mehr oder minder gläubige Katholiken handelt, (auch) ein sozialwissenschaftliches Thema, welches nicht nur in der Politik des Öfteren zur Debatte steht. Die Katholiken weltweit leben eben nicht in ihrer eigenen Welt, nicht in ihrem eigenen, abgeschlossenen System, und so beeinflussen die Katholiken direkt, und somit indirekt auch der Vatikan, große Ströme unserer Gesellschaft maßgeblich.

Die Sozialwissenschaft ist eine Wissenschaft, die von stetiger Progressivität und Wandel geprägt ist. Aufgrund der Ereignisse der letzten Tage ist es mir ein Anliegen, auf das aktuellste Fallbeispiel der säkularen Potenz des Vatikans einzugehen.

Am Samstag, dem 23.05.2015 gelang, ausgerechnet im erzkonservativen Irland, ein Meilenstein der Gleichstellungsfrage. Das Land hatte nach direktdemokratischen Prinzipien ein Referendum durchgeführt, bei welchem die Bürger darüber abstimmen konnten, ob es in Irland zukünftig

---

42 www.zeit.de/gesellschaft/zeitgeschehen/2015-03   (24.05.2015)
43 www.aphorismen.de/suche?text=krieg&f_thema=Religion   (24.05.2015)

möglich sein soll, dass gleichgeschlechtliche Paare heiraten dürfen. Das Ergebnis des Referendums fiel klar für die Erlaubnis der Eheschließung aus (klare 2/3 Mehrheit).[44] Eine klare Entfernung Irlands vom Katholizismus.

Aus dem Vatikan kam prompt die Antwort. Bei einer Veranstaltung in Rom sagte ein Kardinal und enger Papst-Vertrauter: „Ich glaube, man kann nicht nur von einer Niederlage der christlichen Prinzipien, sondern von einer Niederlage für die Menschheit sprechen."[45] Ein klares Statement – eben auch als Antwort auf die politische Abwendung Irlands gegenüber dem Vatikan. Die Motivation dieser heftigen Antwort ist einfach zu begreifen, denn für den Vatikan bedeutet das Votum Irlands im Grunde nichts anderes als einen Machtverlust.

Machtverlust entsteht aus Sicht des Vatikans ja auch ganz schlicht durch die Homo-Ehe selbst, denn aus gleichgeschlechtlichen Ehen entstehen bekanntermaßen nun mal keine Kinder und erst recht keine Katholiken. Sich in Zeiten einer weltweiten Bevölkerungsexplosion mit Argumenten wie „Die Kernfamilie, bestehend aus Vater, Mutter und Kindern bildet die Keimzelle der Gesellschaft" aus der Affäre ziehen zu wollen wenn nach Argumenten gegen homosexuelle Lebenspartnerschaften gefragt wird, zeugt von einem absoluten Angstzustand.

Es ist die Angst vor Machtverlust. Oder einfach gesagt: gibt es weltweit prozentual immer weniger Katholiken, sinkt die Macht des Vatikans stetig. Aus dieser Perspektive erscheinen derartige Argumentationsansätze als purer Egoismus. Egoismus der Weltbevölkerung gegenüber.[46]

Die Hoffnung vieler Menschen (sowohl Katholiken als auch Nichtkatholiken) auf eine Öffnung des Vatikans, welche bei Amtsantritt von Franziskus I. so greifbar schien, ist dem Anschein nach in diesen Tagen sowieso gänzlich verflogen.[47]

Dennoch beweist das Referendum Irlands, dass eine Loslösung durchaus eine Option darstellt. Eine Option, die jedoch für Deutschland, oder besser gesagt die Bundesregierung, keine Option darstellt. Eine Auffassung, die wohl die Bevölkerung größtenteils nicht teilen dürfte; in der Vergangenheit haben repräsentative Umfragen bestätigt, dass sich im Falle eines deutschen Referendums die Homo-Ehe durchsetzten würde – und das mit deutlicher Mehrheit.[48] Doch wo hakt dann das Handeln der Volksvertreter noch?

Klar ist, die Umfragen zeigen einen Schnitt der Gesamtbevölkerung Deutschlands und somit nicht unbedingt den Schnitt des klassisch-konservativen-Klientels (also der maßgeblichen Wählerschaft von „Volksparteien"). Würde man eine derartige Umfrage mit eben diesen Wählern durchführen, sähe das Ergebnis wohl weitläufig anders aus (wobei sich auch schon hier Hinweise auf eine Veränderung abzeichnen). Daraus ergibt sich der logische Schluss: will man die eigenen Wähler

---

44 www.heute.de/referendum-zur-homo-ehe-in-irland-gegner-raeumen-niederlage-ein   (28.05.2015)
45 www.faz.net/aktuell/gesellschaft/katholische-kirche-vatikan-ja-zur-homo-ehe-ist-niederlage-fuer-die-menschheit-13613592   (28.05.2015)
46 siehe de Rosa, Der Vatikan – von Gott verlassen?, S.108
47 vgl. www.web.de/magazine/panorama/franziskus-wendet-vatikan-papst-30668982   (28.05.2015)
48 www.spiegel.de/politik/deutschland/drei-viertel-der-deutschen-sind-laut-umfrage-fuer-homo-ehe-a-885834   (28.05.2015)

nicht verprellen, lässt man solche Gesetzesänderungen besser bleiben. Was den Menschen helfen würde, was dem Volk durchaus gefallen würde, wird nicht angepackt, aus Angst vor eigenen Machteinbußen.

Das feste Bündnis, welches es für einen echten Fortschritt zu brechen gelte, betitelt Sabine Rau vom Westdeutschen Rundfunk als „ [...] alte Allianz zwischen katholischer Kirche und Konservativen"[49]. In der Praxis zeigt sich dieses Bündnis am deutlichsten, wenn man CDU-Politiker nach Gegenargumenten zur Homo-Ehe befragt. Das einzige Argument, welches halbwegs zu greifen scheint, ist, dass unser Land mitsamt seiner Eheregelung „kulturhistorisch gewachsen"[50] sei. Dieses Argument, als nahezu einzige Antwort auf kritische Fragestellungen, liest man in jedem Interview, was nicht unbedingt ein Zeugnis einer vorwärts gewandten Politik ablegt, sondern eher kleinkariert, um nicht zu sagen „von der Allianz gefesselt" wirkt.

So deutlich und lebensnah tangiert die säkulare Potenz des Vatikans die Schicksale vieler Nichtkatholiken – und das in einem Land, in dem die Freiheit und Gleichheit aller in dessen Verfassungstext verbrieft ist.[51]

4 Säkulare Autarkie – Vorschläge, Möglichkeiten, Wünsche

Vor ungefähr einem halben Jahr begann ich die Themenfindung für die Arbeit, deren Fazit ich heute schreibe. In dieser Zeit hat sich die Welt, mitsamt des vatikanischen Einflusses auf Selbige, selbstredend verändert. Den wichtigsten Veränderungen, welche den Vatikan direkt oder indirekt betreffen, habe ich im Hauptteil meiner Arbeit jeweils ein Kapitel gewidmet.

So behandelte diese Arbeit bisher die veränderte/verschärfte Flüchtlingsproblematik, das Vorrücken des, nach mittelalterlichen Mustern agierenden, „Islamischen Staates" und ethische Probleme – jeweils mit der Reaktion bzw. dem Agieren des Vatikans auf selbige Problematiken. Verändert haben sich diese Probleme insofern, dass z.B. vor einem halben Jahr noch nicht absehbar war, wie groß die Auswüchse der Flüchtlingsströme sein würden, auch im Hinblick darauf, dass ebenfalls nicht absehbar war, inwieweit der IS diese zahlenmäßig beeinflussen würde. Auch kirchenpolitisch veränderte sich vieles; die „Ausbruchs- und Umbaustimmung" in der katholischen Kirche, welche Franziskus bei Amtsantritt proklamiert hatte, ist mittlerweile wieder maßgeblich relativiert. Alles beim alten - mit den oben ausführlich beschriebenen Auswirkungen auf säkulare Sphären.

Warum genau das zwingend passieren musste, habe ich in 2.1 und 2.2 dargelegt. In den langen Zyklen, die ich dort versuchte zu skizzieren, befinden wir uns zur Zeit in einer „Aufwärtsbewegung" des päpstlichen Einflusses, die ihren Startpunkt, wie oben beschrieben, ca. 1860 hat. Dass dieser Einfluss nicht nur positive Seiten hat sollten die Exempel gezeigt haben; ebenso, dass man mit diesem kritisch umgehen sollte.

---

49 www.tagesschau.de/multimedia/video/video-87877   (28.05.2015)
50 www.deutschlandfunk.de/debatte-ueber-homo-ehe-dann-ist-die-ehe-auch-beliebig   (28.05.2015)
51 vgl. Artikel 2, Absatz 1; Artikel 3, Absatz 1 Grundgesetz der Bundesrepublik Deutschland

Den Einfluss des Vatikans auf Politik und sonstige weltlichen Dinge wird wohl kaum jemand als demokratisch oder gar gleichberechtigt gegenüber anderen (Glaubens-)Gemeinschaften bezeichnen. Und genau das ist dieser Einfluss eben auch nicht. Er ist undemokratisch und beeinflusst außerreligiöse Dinge so maßgeblich, dass man sich wirklich fragen muss, warum sich moderne, demokratische Gesellschaftssysteme von diesem Einfluss nicht befreien können/wollen. Der Grund dafür liegt in der in 2.2 angedeuteten humanitären Abhängigkeit. Neben der täglich genutzten kirchlichen Seelsorge sind es vor allem große, kirchliche Verbände die, gerade bei uns Deutschland, unersetzbar scheinen.

Malteser, Caritas, Kolping – allesamt Schlagworte, die für wichtige soziale Arbeit stehen - in der Vergangenheit wie in der Gegenwart. Doch damit, dass man sich auf diese Organisationen verlässt, begibt man sich auch maßgeblich in eine Abhängigkeit. Wäre es politisch gesehen nicht intelligent und auch an der Zeit, sich von diesen Organisationen unabhängig zu machen?

Die Lösung, die man anstreben muss, wenn man den Einfluss abschwächen möchte, ist eine humanitäre Autarkie auf säkularer Basis. In der Praxis begänne diese Unabhängigkeit schon bei den kleinsten Dingen. Statt sich z.B. in wie oben genannten Verbänden zu engagieren, gäbe es genügend andere, säkulare Organisationen, die jede helfende Hand dringend gebrauchen könnten.

Nirgendwo sonst kommt soziale Hilfe direkter an als bei der Tafel, der Bedarf an Hilfe ist (stetig wachsend) umso höher – nur um ein Beispiel von vielen anzuführen. Auch bei Spenden scheint es oft sinnvoller, sie direkt an unabhängige Organisationen zu geben. Spenden, die an (egal in welcher Form) abhängige Organisationen gegeben werden, laufen immer Gefahr, anteilig in der Bürokratie zu versickern oder gar aufgrund von Intransparenz veruntreut zu werden. Gerade beim Vatikan ist letzteres laut Medienberichten scheinbar nicht unwahrscheinlich.[52]

Hilfe, die direkt geleistet wird, ist immer effizienter, sozialer und näher. Es scheint mir an der Zeit, umzudenken. Die Möglichkeiten der unbeeinflussten Selbstorganisation sind gegeben. Alle Arbeit, die sich von kirchlichen Verbänden hin zu säkularen Organisationen umlagert, schwächt den päpstlichen Einfluss. Mir erscheint es als demokratischer Zugewinn, die Religion (auch global) allmählich gänzlich zur Privatsache zu erklären.

Die positiven Einflüsse von Religion auf die Demokratie sind bekanntermaßen eben eher rar gesät, ebenso wie die der Nationalstaatlichkeit auf den (Welt-)Frieden. Wann immer sich mindestens zwei in sich homogene Gruppen gegenüberstehen, kommt es zu Konflikten. Die Verkündigung des „Andersseins" als andere (oftmals einhergehend mit dem „besser sein") ist rückblickend und gegenwärtig immer wieder für die Konflikte der Menschheit verantwortlich.

Ein Umbruch dessen wird jedoch nicht rapide stattfinden. Holm Friebe beschreibt in seinem Buch „Die Stein Strategie" die Gesellschaft als großen Öltanker, der nicht abrupt den Kurs wechseln

---

52 www.faz.net/aktuell/politik/vatikan-ist-hunderte-millionen-euro-reicher-als-gedacht   (04.06.2015)

kann, sondern nur allmählich seine Richtung ändert.[53] Beim Rückgang des vatikanischen Einflusses ist es simultan das selbe Prinzip. Die Zeit wird zeigen, wie potent der Vatikan in ein paar Jahrzehnten dasteht. Mein persönlicher Wunsch ist, dass diese Arbeit an Relevanz verliert und sich niemand mit der Potenz oder gar Omnipotenz des Vatikans beschäftigen muss.

„Wenn irgendwo zwischen zwei Mächten ein noch so harmlos aussehender Pakt geschlossen wird, muss man sich sofort fragen, wer hier umgebracht werden soll."

\- Otto von Bismarck (1815-1898)[54]

---

53 siehe Friebe, S.157 - 190
54 www.zitate.net/kriege

Quellenverzeichnis:

Literatur:

Bernhart, Joseph: Der Vatikan als Weltmacht, München [5]1951

de Rosa, Peter: Der Vatikan – Von Gott verlassen?, Kirche, Sex und Tod, München 1993

Friebe, Holm: Die Stein Strategie, von der Kunst nicht zu handeln, München 2013

Le Bon, Gustave: Psychologie der Massen, Hamburg [10]2014

Manhattan, Avro: Der Vatikan und das XX.Jahrhundert, Berlin (DDR) 1958

Möschel, Tobias: (Hrsg.) Papsttum und Politik, Eine Institution zwischen geistlicher Gewalt und politischer Macht, Freiburg im Breisgau 2007

Raffalt, Reinhard: Wohin steuert der Vatikan?, Papst zwischen Religion und Politik, München 1973

Ring-Eifel, Ludwig: Weltmacht Vatikan, Päpste machen Politik, München 2006

Rossi, Fabritzio: Der Vatikan, Politik und Organisation, München [3]2004

Nachschlagwerke:

Deutsche Bibelgesellschaft: Lutherbibel Standardausgabe, Stuttgart 1985

Duden: Die deutsche Rechtschreibung, 26. Auflage, Berlin 2013

Grundgesetz: Grundgesetz der Bundesrepubik Deutschland

Martin, Andreas: Taschenlexikon Vatikan, über 100 Begriffe spannend erklärt, Leipzig 2005

Printmedien:

Càceres, Javier: Franziskus: Europa ist krank, in: Süddeutsche Zeitung (26.11.2014), Nr. 272, Seite 1

Internet:

Arnold, Particia: Roma beantragen politsches Asyl im Vatikan
http://www.nzz.ch/aktuell/startseite/roma-beantragen-politisches-asyl-im-vatikan-1.10361356 (16.05.2015)

Außenministerium Österreich: Der Vatikan als Völkerrechtssubjekt:
http://www.bmeia.gv.at/botschaft/heiliger-stuhl/ratgeber/heiliger-stuhl-vatikan.html (08.01.2015)

Donhauser, Michael: Irland stimmt für Homo-Ehe, in: heute.de:
http://www.heute.de/referendum-zur-homo-ehe-in-irland-gegner-raeumen-niederlage-ein-38576918.html (28.05.2015)

Gutschker, Thomas:
Papst Franziskus ist ungerecht, in: Frankfurter Allgemeine:
http://www.faz.net/aktuell/politik/europaeische-union/kritik-an-europa-
papst-franziskus-ist-ungerecht-13293731.html
(16.05.2015)

Internationaler Bund der
Atheisten und
konvesionslosen e.V.:
Zahlen der Konfessionen in Europa:
https://www.ibka.org/statistiken/europa.html
(15.05.2015)

Karl-Leisner-
Jugend:
Zahlen des weltweiten Katholizismus:
http://www.k-l-j.de/katholische_kirche_zahlen.htm
(25.04.2015)

Meintz, René:
Mitgliederzahlen der katholischen Kirche:
http://www.kirchenaustritt.de/statistik   (21.12.2014)

Dr. **Ramm**, Bernd:
Vatikanstaat – Poltisches System:
http://www.goruma.de/Laender/Europa/Vatikanstaat/
Einleitung/politisches_system.html   (29.12.2014)

Reuters:
Kampf gegen IS: Papst rechtfertigt Eingreifen gegen Dschihadisten
im Irak, in: spiegel online
http://www.spiegel.de/politik/ausland/irak-papst-legitimiert-eingreifen-
gegen-dschihadisten-a-986800.html   (24.05.2015)

Rau, Sabine:
zur Diskussion um eine Öffnung der Ehe, WDR:
http://www.tagesschau.de/multimedia/video/video-87877.html
(28.05.2015)

Rossi, Max:
Vatikan lehnt Gewalt gegen IS nicht ab, in: Zeit online
http://www.zeit.de/gesellschaft/zeitgeschehen/2015-03/islamischer-
staat-vatikan-gewalt-christen   (24.05.2015)

Weiss, Martin:
Papst fordert mehr Einsatz gegen den Is, in: Tagesschau:
http://www.tagesschau.de/ausland/papst-tuerkei-103.html
(24.05.2015)

aphorismen.de:
Zitat Voltaires:
http://www.aphorismen.de/suche?text=krieg&f_thema=Religion
(24.05.2015)

bundestag.de:
Papstrede im Bundestag:
https://www.bundestag.de/kulturundgeschichte/geschichte/
gastredner/benedict/benedict/206288   (15.05.2015)

deutschlandfunk.de:
Interview mit Marcus Weinberg
http://www.deutschlandfunk.de/debatte-ueber-homo-ehe-dann-ist-die-
ehe-auch-beliebig.694.de.html?dram%3Aarticle_id=320843
(28.05.2015)

domradio.de:
Kommentar Martin Schulz zum Papstbesuch:
http://www.domradio.de/themen/papst-franziskus-strassburg/2014-11-
20/eu-parlamentspraesident-schulz-zum-papstbesuch
(15.05.2015)

euobserver.com: Vatikan und die Schengener Abkommen:
https://euobserver.com/news/20680
(15.05.2015)

europarl.europa.eu: Informationen/Hintergründe über Papstrede:
http://www.europarl.europa.eu/news/de/top-
stories/content/20141126TST80702/html/Papst-Franziskus-zu-Gast-
im-EU-Parlament   (15.05.2015)

Einladung von Martin Schulz an den Papst:
http://www.europarl.europa.eu/news/de/news-
room/content/20130318STO06604/html/Einladung-für-Papst-
Franziskus-ins-Europäische-Parlament   (15.05.2015)

faz.net: Vatikan: Ja zur Homo-Ehe ist „Niederlage für die Menschheit":
http://www.faz.net/aktuell/gesellschaft/katholische-kirche-vatikan-ja-
zur-homo-ehe-ist-niederlage-fuer-die-menschheit-13613592.html
(28.05.2015)

Vatikan ist „Hunderte Millionen Euro" reicher:
http://www.faz.net/aktuell/politik/vatikan-ist-hunderte-millionen-euro-
reicher-als-gedacht-13303089.html   (04.06.2015)

kathpedia.com: Anzahl der Katholiken weltweit:
www.kathpedia.com   (15.05.2015)

spiegel.de: Umfage: Drei Vierteil der Deutschen sagen ja zur Homo-Ehe:
http://www.spiegel.de/politik/deutschland/drei-viertel-der-deutschen-
sind-laut-umfrage-fuer-homo-ehe-a-885834.html
(28.05.2015)

vatican.va: Wortlaut der Rede des Papstes an das Europäische Parlament:
http://w2.vatican.va/content/francesco/de/speeches/2014
/november/documents/papa-francesco_20141125_strasburgo-
parlamento-europeo.html   (16.05.2015)

verfassungen.eu: Text der französischen Verfassung:
http://www.verfassungen.eu/f/fverf91-i.htm (15.05.2015)

web.de: Franziskus: wendet sicher der Vatikan gegen seinen Papst?
http://web.de/magazine/panorama/franziskus-wendet-vatikan-papst-
30668982   (28.05.2015)

welt.de: Umgang des Vatikans mit Kreuzzügen:
http://www.welt.de/kultur/history/article1245115/Warum-die-Templer-
niemals-Ketzer-waren.html   (24.05.2015)

woxikon.de: Zitat Carl Friedrich von Weizsäckers:
http://www.zitate.woxikon.de/religion   (08.01.2015)

zitate.net: Zitat Otto von Bismarck:
http://zitate.net/kriege.html   (04.06.2015)